Rejeb Zorgani

Analyses et conception de SI - Framework J2EE Spring & Hibernate

Rejeb Zorgani

Analyses et conception de SI - Framework J2EE Spring & Hibernate

Éditions universitaires européennes

Impressum / Mentions légales

Bibliografische Information der Deutschen Nationalbibliothek: Die Deutsche Nationalbibliothek verzeichnet diese Publikation in der Deutschen Nationalbibliografie; detaillierte bibliografische Daten sind im Internet über http://dnb.d-nb.de abrufbar.
Alle in diesem Buch genannten Marken und Produktnamen unterliegen warenzeichen-, marken- oder patentrechtlichem Schutz bzw. sind Warenzeichen oder eingetragene Warenzeichen der jeweiligen Inhaber. Die Wiedergabe von Marken, Produktnamen, Gebrauchsnamen, Handelsnamen, Warenbezeichnungen u.s.w. in diesem Werk berechtigt auch ohne besondere Kennzeichnung nicht zu der Annahme, dass solche Namen im Sinne der Warenzeichen- und Markenschutzgesetzgebung als frei zu betrachten wären und daher von jedermann benutzt werden dürften.

Information bibliographique publiée par la Deutsche Nationalbibliothek: La Deutsche Nationalbibliothek inscrit cette publication à la Deutsche Nationalbibliografie; des données bibliographiques détaillées sont disponibles sur internet à l'adresse http://dnb.d-nb.de.
Toutes marques et noms de produits mentionnés dans ce livre demeurent sous la protection des marques, des marques déposées et des brevets, et sont des marques ou des marques déposées de leurs détenteurs respectifs. L'utilisation des marques, noms de produits, noms communs, noms commerciaux, descriptions de produits, etc, même sans qu'ils soient mentionnés de façon particulière dans ce livre ne signifie en aucune façon que ces noms peuvent être utilisés sans restriction à l'égard de la législation pour la protection des marques et des marques déposées et pourraient donc être utilisés par quiconque.

Coverbild / Photo de couverture: www.ingimage.com

Verlag / Editeur:
Éditions universitaires européennes
ist ein Imprint der / est une marque déposée de
OmniScriptum GmbH & Co. KG
Heinrich-Böcking-Str. 6-8, 66121 Saarbrücken, Deutschland / Allemagne
Email: info@editions-ue.com

Herstellung: siehe letzte Seite /
Impression: voir la dernière page
ISBN: 978-3-8417-8363-9

Etude du Framework J2EE Spring

Rejeb ZORGANI

Table des matières

Table des illustrations

Dédicace

Je dédis ce travail comme preuve de respect, de gratitude, et de reconnaissance à :

Ma chère famille et mes amis pour leur patience, leurs encouragements et leur dévouement qui ont fait de moi ce que je suis devenu.

Introduction

Ce livre se base en grande partie sur mes travaux développés mon stage de Master 1 **ACSIS (A**nalyse et **C**onception de **S**ystèmes d'Information **S**ûrs). Dans le cadre de la formation de Master 1 informatique à l'**U**niversité de **V**ersailles **S**aint **Q**uentin en **Y**velines **UVSQ**, l'université offre, aux étudiants de première année de Master Professionnel, l'occasion d'effectuer un Projet de Fin d'Année. Le but primordial est d'associer les connaissances, théoriques et pratiques sur des cas didactiques, acquises le long de l'année à la réalité quotidienne. Il permet de valider les acquis et de les transposer dans des conditions réelles d'utilisation. Ce projet est pour nous (les étudiants) une réelle occasion de s'initier à la vie active.

L'objectif de mon projet a été :

- Etudie théorique du fonctionnement du Framework J2EE Spring;

- Installation et mise en œuvre;

- Développement d'une application de gestion de contact qui permet de contrôler et rester en contact avec les différentes entreprises qui ont des partenariats avec l'université.

Ce projet me tenait vraiment à cœur - c'est la raison pour laquelle ce travail m'a paru facile à réaliser. Je me suis investi comme jamais et cela m'a valu les félicitations du jury.

Etant une personne qui aime le partage des connaissances et donner sans rien attendre en retour, j'ai toujours (depuis ma soutenance) espérer trouver l'éditeur adéquat et le temps pour transformer ce travail (qui était encore à l'état d'ébauche par manque de temps) en un livre accessible au grand public.

Je remercie donc la maison d'Edition (Editions Universitaires Européennes) pour sa confiance et pour m'avoir aidé à m'exhausser.

Chers lecteurs, j'espère que ce petit volume (en tout cas, j'ai tout fait pour qu'il le soit) vous sera de grande utilité.

Bonne lecture

Rejeb

A. Etudes théoriques

I. Présentation générale

1. Introduction à Spring [wiki-1]

Aujourd'hui, Spring est l'un des Framework les plus complet parmi les applications J2EE[1]. Il est hébergé par SpringSource qui est connu anciennement sous le nom de l'Interface 21.

Spring est basé sur des concepts très simples qui permettent néanmoins la modification des processus de développement. Il prend en charge de nombreux aspects de développement des applications J2EE. Il raccourcit considérablement le temps de production des applications et offre souvent une qualité et des performances meilleur.

SPRING est un conteneur dit « léger » parce qu'il offre la possibilité d'être utilisé sans encombrement. C'est une infrastructure similaire à un serveur d'application J2EE. Il prend en charge :

- La création d'objets;
- La mise en relation d'objets par l'intermédiaire d'un fichier de configuration qui décrit :
  - Les objets à fabriquer;
  - Les relations de dépendances entre ces objets.

Le gros avantage par rapport aux serveurs d'application est qu'avec SPRING, les classes n'ont pas besoin d'implémenter une quelconque interface pour être prises en charge par le Framework (au contraire des serveurs

---

[1] Java 2 Entreprise Edition

d'applications J2EE et des EJB[2]s). C'est en ce sens que SPRING est qualifié de conteneur « léger ».

Spring s'appuie principalement sur l'intégration de trois concepts clés :

1. L'inversion de contrôle ou injection de dépendance ;
2. La programmation orientée aspect ;
3. Une couche d'abstraction.

Les développements J2EE et surtout ceux qui utilisent les EJB, sont restés complexes. Les projets J2EE sont généralement développés afin de simplifier le travail des développeurs et ainsi leur permettre de se concentrer davantage sur la réelle valeur-ajoutée de l'application.

Les concepteurs de Spring et les experts J2EE ont imaginé une solution permettant de simplifier et structurer les développements J2EE de manière à respecter les meilleures pratiques d'architecture logiciel.

Spring apporte des solutions aux problématiques reposant sur la notion de conteneur léger et sur la POA[3], en introduisant les meilleures pratiques en matière d'architecture applicative et de développement d'applications.

J2EE n'encourage pas extérieurement de bonne pratique de conception, comme la séparation des préoccupations. Ce qui est lourd dans cette plateforme, c'est le surcroît entre le serveur de l'application et les tests des composants.

2. Pourquoi Spring [D.R.T p5]

La problématique des tests des application J2EE est fondamentale dans tout type de développement d'application. La technologie J2EE justifie le complexe à tester car elle nécessite un serveur d'application pour être exécutée. Dans les faits, il s'agit davantage de tests d'intégration plutôt que de tests unitaires. Une solution telle que Apache Jakarta reste lourde à

---

[2] Enterprise JavaBeans
[3] Programmation Orientée Aspect

mettre en œuvre par rapport à l'outillage disponible pour les classes Java classiques.

La difficulté de tester une application J2EE, selon une granularité plus fine que le test d'intégration, nuit fortement à la qualité des applications construites par cette plateforme.

Pour résoudre les problèmes que nous venons d'évoquer, des solutions ont émergé. En rupture avec les conteneurs J2EE, disqualifiés par de nombreux experts pour leur complexité sont apparus des conteneurs dits légers. Le cœur de Spring entre dans cette catégorie de solution.

Ce dernier a été étendu de manière à supporter le POA, un nouveau modèle de programmation permettant d'aller au-delà de l'approche objet en termes de modularisation des composants. Au-dessus de cette base, des modules optionnels sont proposés afin de faciliter l'intégration de Framework spécialisés.

Les sections qui suivent détaillent la façon dont Spring résout les problèmes soulevés par l'utilisation de J2EE.

3. Notion de conteneur léger [D.R.T p6]

EJB est une technologie de conteneur lourde à mettre en œuvre, inadaptée pour les objets à faible granularité, intrusive dans le code et en partie dépendante du serveur d'applications, ne serait-ce qu'en termes de configuration.

En fournissant une infrastructure de gestion de l'ensemble des composants de l'application, les conteneurs légers adoptent une approche foncièrement différente. Cela s'effectue au travers de mécanismes de configuration, comme les fichiers XML permettant d'initialiser les composants, de gestion du cycle de vie des composants et de gestion des dépendances entre les composants. Les conteneurs légers sont indépendants de la technologie J2EE et peuvent fonctionner surtout type de serveur d'applications, voire sans eux et ce, en utilisant une simple machine virtuelle, comme Java. Les conteneurs légers rendent les applications qui les utilisent à la fois plus flexibles et mieux testables, car le couplage entre les composants est géré par le conteneur, et non plus directement à l'intérieur du code. Par ailleurs, les conteneurs légers encouragent l'utilisation intensive d'interfaces afin de rendre l'application indépendante de leurs implémentations. Cela se révèle notamment utile pour les tests, dans lesquels il est souvent nécessaire de remplacer une implémentation réelle par un simulacre d'objet, ou Mock Object. Le débogage est facilité, puisqu'il n'est pas nécessaire d'exécuter le code au sein d'un serveur d'applications et que le conteneur léger est peu intrusif dans le code de l'application.

Pour nous faire une idée plus précise de la nature d'un conteneur léger, nous pouvons établir un parallèle avec les Frameworks gérant les interfaces graphiques, comme Swing ou SWT (Standard Widget Toolkit). Avec ces outils, nous définissons les composants graphiques à utiliser et nous nous connectons aux événements qu'ils sont susceptibles de générer, un clic sur un bouton, par exemple. Ces Frameworks prennent en charge le cycle de vie des composants graphiques de manière complètement transparente pour l'application concernée. Un conteneur léger peut offrir des services similaires, mais avec des objets de toute nature.

4. L'intégration de Framework [D.R.T p8]

L'intégration de Framework tiers dans Spring repose sur la notion d'un conteneur léger et, dans une moindre mesure, sur la POA.

Cette intégration peut s'effectuer aux trois niveaux suivants :

- Intégration des composants du Framework tiers au sein du conteneur léger et configuration de ses ressources ;

- Mise à disposition d'un template (ou modèle) d'utilisation et de classes de support ;
- Abstraction de l'API.

En fonction du Framework, l'intégration de celui-ci est plus ou moins poussée, le minimum étant l'intégration des composants du Framework dans le conteneur léger. Cette intégration consiste à configurer et réaliser une injection de dépendances sur ces composants.

Elle est généralement peu intrusive du point de vue de l'application qui utilise le Framework tiers, c'est-à-dire qu'aucune dépendance forte n'est créée à l'égard de Spring.

Le deuxième degré d'intégration consiste en la mise à disposition d'un template d'utilisation et de classes de support. Il s'agit ici de faciliter l'utilisation du Framework tiers en simplifiant les appels à son API et en implémentant les meilleures pratiques.

Pour cela, différentes techniques sont utilisées. L'une d'elles consiste en la transformation systématique des exceptions vérifiées (checked exceptions), c'est-à-dire les exceptions devant être obligatoirement prises en charge par une clause « catch » dans le code et les clauses « throws » spécifiées dans les signatures des méthodes, en exceptions d'exécution (runtime exceptions), plus simples à gérer de manière centralisée. Dans ce cas, l'utilisation d'un template lie le code de l'application explicitement à Spring.

Le troisième degré d'intégration consiste à s'abstraire de l'API du Framework tiers. L'objectif ici de normaliser l'utilisation d'un ensemble de Frameworks répondant à des besoins similaires. C'est typiquement le cas du support des DAO[4], ou objets d'accès aux données, par Spring, qui normalise l'utilisation

---

[4] Data Access Objects

de ce concept quel que soit le Framework de persistance utilisé (Hibernate, OJB, etc.).

L'abstraction d'API ne permet toutefois pas de s'abstraire complètement des Frameworks sous-jacents, car cela reviendrait à choisir le plus petit dénominateur commun et à perdre ainsi la richesse des fonctionnalités avancées de ces Frameworks. Le parti pris de Spring consiste à abstraire les points communs sans pour autant masquer le Framework tiers. C'est un choix pragmatique, qui diminue les coûts de remplacement d'un Framework par un autre, sans occulter les gains de productivité induits par leur utilisation poussée.

Grâce à ces différents degrés d'intégration, Spring constitue un lien solide entre différents Framework mis en œuvre avec le code applicatif dans un ensemble cohérent et implémentant les meilleures pratiques. La productivité et la maintenabilité des applications en sont d'autant améliorées.

5. Architecture globale de Spring

Le Framework Spring contient beaucoup de caractéristiques et fonctionnalités. Celles-ci sont réparties en modules dont voici les principaux qu'on a utilisés dans notre projet :

- Le module noyau (Spring core) : c'est le conteneur léger qui permet l'injection de dépendance (pattern IoC). Vous pouvez alors gérer les fonctionnalités de votre conteneur de bean. C'est notamment ce package qui contient BeanFactory.

- Le module de contexte (Spring Context) qui permet le dialogue entre Spring et notre application.

- Le module d'accès aux données (Spring DAO) qui apporte l'abstraction pour la couche JDBC.

- Le module ORM qui apporte une couche d'intégration pour les mapping objet relationnel célèbre comme JDO, Hibernate et iBatis.

- Le package AOP (Spring AOP) apporte un lien avec l'implémentation AOP.

- Le package web de Spring (Spring Web) apporte les caractéristiques de bases orienté web.

- Le package Web MVC (Spring Web MVC) de Spring qui apporte une implémentation Model-Vue-Controller pour les applications Web. Il apporte en plus d'une implémentation classique, une séparation entre code model et les Web-forms. Il et permet d'utiliser toutes les autres capacités du Framework Spring comme la validation.

- La technique Enterprise JavaBeans (EJB) est une architecture de composants logiciels côté serveur pour la plateforme de développement JEE.

- Cette architecture propose un cadre pour créer des composants distribués (c'est-à-dire déployés sur des serveurs distants) écrits en langage de programmation Java hébergés au sein d'un serveur applicatif permettant de représenter des données (EJB dit entité), de proposer des services avec ou sans conservation d'état entre les appels (EJB dit session), ou encore d'accomplir des tâches de manière asynchrone (EJB dit message). Tous les EJB peuvent évoluer dans un contexte transactionnel « référence wiki-2 ».

- Aujourd'hui Hibernate est l'une des solutions d'ORM les plus utilisées. Il permet d'utiliser aisément :

  - Des fonctionnalités de différents objets complexes, tels que l'héritage ou le polymorphisme;

- Des bases de données (HSQL, Mysql, Oracle,…) avec des modèles de données complexes.

Ce mapping entre les objets Java et la base de données est traditionnellement effectué à l'aide de fichiers XML de mapping.

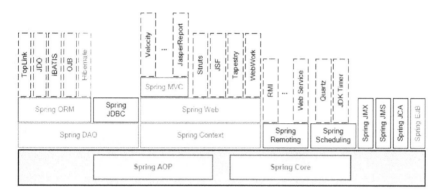

Figure 1 : Architecture de Spring

II. Notions théoriques

1. Inversion of Control (Ioc)

Les conteneurs légers sont aussi souvent appelés conteneurs d'inversion de contrôle, ou IoC[5] (Inversion of Control) Container.

Les applications J2EE classiques posent certains problèmes lors de leur développement (productivité, indépendance vis-à-vis de la plate forme d'exécution ne serait ce qu'en terme de configuration, test, etc. …). La lourdeur de ces applications ont aidé à l'émergence de Spring qui en opposition a été qualifié de conteneur léger.

Le conteneur léger fonctionne comme une simple classe qui va permettre de mettre en relation les objets de vos applications par le biais d'un fichier de

---

[5] Inversion of Control

configuration. Ceci permet de charger une configuration de façon centralisée et automatisée.

C'est le conteneur qui sera en charge de l'instanciation de nos objets, de gérer leur cycle de vie la dépendance entre eux. Ceci permet aussi de rendre les applications plus flexibles et facilement testables puisque le couplage des composants est géré par le conteneur.

De plus, le conteneur léger encourage l'utilisation d'interfaces, ce qui se révèle utile notamment pour les tests permettant de remplacer l'objet testé par une simulation d'un objet, appelé objet mock.

La notion de conteneur léger permet d'initialiser les composants, gérer leur cycle de vie, gérer leur dépendance entre eux à partir d'un fichier de configuration. Les conteneurs léger sont indépendants de la technologie J2EE et peuvent fonctionner sur tout type d'application, même sur une simple JVM[6].

2. Programmation Orientée Aspect POA [D.R.T p85]

2.1   Introduction

La POA (programmation orientée aspect), ou AOP (Aspect-Oriented Programming), est un nouveau paradigme, dont les fondations ont été définies au centre de recherche Xerox, à Palo Alto, au milieu des années 1990. Par paradigme, nous entendons un ensemble de principes qui structurent la manière de modéliser les applications informatiques et, en conséquence, la façon de les développer.

La POA a émergé à la suite de différents travaux de recherche, dont l'objectif était d'améliorer la modularité des logiciels afin de faciliter la maintenance ainsi que leur réutilisation.

---

[6] Java Virtual Machine

Elle ne remet pas en cause les autres paradigmes de programmation, comme l'approche procédurale ou l'approche objet, mais les étend en offrant des mécanismes complémentaires pour mieux modulariser les différentes préoccupations d'une application et améliorer ainsi leur séparation.

Le conteneur léger de Spring étant la conception orientée objet, il ne peut aller au-delà des limites fondamentales de ce paradigme. C'est la raison pour laquelle Spring dispose de son propre Framework de POA, qui lui permet d'aller plus loin dans la séparation des préoccupations.

2.2 Intégrations et fonctionnalités

On peut également utiliser l'AOP pour :

- La sécurité. L'objet doit s'assurer que l'utilisateur a les droits suffisants pour utiliser ses services ou manipuler certaines données.

- L'intégrité référentielle. L'objet doit s'assurer que ses relations avec les autres sont cohérentes par rapport aux spécifications du modèle métier.

- La gestion des transactions. L'objet doit interagir avec le contexte transactionnel en fonction de son état (démarrage d'une transaction à l'entrée d'une méthode, commit ou rollback à la sortie).

La programmation orientée aspects propose également une nouvelle approche. Ce n'est par contre pas une approche visant à remplacer une famille de langages ou une autre, par contre elle vient en complément aux langages existants.

L'intérêt de ce type de programmation est de pouvoir alléger au maximum le code qui va traiter les règles métier de votre application. Le code n'est plus « pollué », il devient plus lisible, plus facile à tester et donc, plus facile à maintenir grâce à POA.

Le POA permet également de gagner en flexibilité. Cet outil puissant permet de traiter séparément les préoccupations transversales, à partir du moment ou chaque élément de votre architecture est bien défini (DAO, DTO, Service, Factory, Contrôleur, ...).

On pourrait également assister à la naissance de Frameworks d'Aspects, qu'il suffirait de configurer sous-classer (on peut avec AspectJ définir des Aspects abstraits contenant des PointCuts abstraits) pour les adapter aux besoins définis.

3. Data Access Objects DAO

3.1 Introduction

Les DAO (Data Access Object), ou objets d'accès aux données est un design pattern visant à isoler la logique de persistance dans des classes d'accès aux données.

Les DAO ont pour tâche de créer (Create), lire (Read), mettre à jour (Update) et effacer (Delete) des objets Java, d'où l'expression associée pattern CRUD (Create, Read, Update, Delete).

Ce sont des classes utilitaires qui gèrent la persistance des objets métier. Nous séparons ainsi les données, stockées dans des JavaBeans, et le traitement de ces données.

3.2 Intégrations et fonctionnalités

Les points forts des DAO sont les suivants :
Très bonne évolutivité du code et coûts de maintenance réduits.

- La réutilisation du code est possible en de nombreux points de l'application ou de couche métier différents;

- Simplicité : leur compréhension et leur bonne utilisation ne nécessitent qu'un investissement léger;

- Bonne structuration du code : séparation de l'accès aux données du reste du code.

Leurs points faibles sont les suivants :

- Ils sont potentiellement moins performants que du code SQL réalisé sur mesure pour chaque besoin métier;

- Ils fonctionnent difficilement sur un modèle relationnel existant trop éloigné des concepts objets, par exemple, avec un schéma de base de données dénormalisé;

- Ils sont longs et fastidieux à coder en JDBC;

- Ils nécessitent de solides compétences en programmation orientée objet et en gestion des transactions, ainsi que le fonctionnement du moteur de mapping;

- Ils poussent à l'utilisation d'un outillage évolué.

Les DAO sont aujourd'hui largement répandus, ainsi que les design patterns au sein des applications d'entreprise. C'est un concept simple à mettre en œuvre, mais ceux-ci doivent être impérativement maîtrisés avant de se lancer dans la conception d'une application.

4. Model View Controller MVC [D.R.T p164]

4.1   Introduction

Le Framework Spring fournit des intégrations avec les principaux Frameworks MVC ainsi que sa propre implémentation. Forts de leur expérience dans le développement d'applications J2EE, ses concepteurs considèrent que l'injection de dépendances offre un apport de taille pour concevoir et structurer des applications fondées sur le pattern MVC.

Précisons que Spring MVC ne constitue qu'une partie du support relatif aux applications Web. Le Framework Spring offre d'autres fonctionnalités permettant notamment le chargement des contextes d'application de manière transparente ainsi que des intégrations avec d'autres Frameworks MVC, tels Struts, JSF, WebWork ou Tapestry.

4.2   Intégrations et fonctionnalités :

Parmi les principes fondateurs de Spring MVC, remarquons notamment les suivants :

- Utilisation du conteneur léger afin de configurer les différentes entités du pattern MVC et de bénéficier de toutes les fonctionnalités du Framework Spring, notamment au niveau de la résolution des dépendances;

- Favorisation de la flexibilité et du découplage des différentes entités mises en œuvre grâce à la programmation par interface;

- Utilisation d'une hiérarchie de contextes d'application afin de réaliser une séparation logique des différents composants de l'application. Par exemple, les composants des services métier et des couches inférieures n'ont pas accès à ceux du MVC.

Les composants du MVC ont pour leur part les principales caractéristiques suivantes :

- Modélisation des contrôleurs sous forme d'interface et non sous forme de classes concrètes. Ce choix de conception permet d'implémenter facilement de nouveaux types de contrôleurs tout en bénéficiant des avantages de l'héritage. Ce choix favorise la mise en œuvre des tests unitaires des contrôleurs.

- Gestion des formulaires à l'aide d'un contrôleur spécifique permettant non seulement de charger et d'afficher les données du formulaire mais également de gérer leur soumission. Ces données sont utilisées pour remplir directement un Bean sans lien avec Spring MVC, qui peut être validé si nécessaire.

- Abstraction de l'implémentation des vues par rapport aux contrôleurs permettant de changer de technologie de présentation sans impacter le contrôleur.

- Abstraction par rapport aux API servlet. Grâce aux différentes implémentations des contrôleurs, les implémentations des contrôleurs ne se lient pas systématiquement à ces API, lesquelles sont en outre masquées lors de l'implémentation du passage du contrôleur à la vue.

- Possibilité d'implémenter et de configurer des intercepteurs directement au niveau du MVC sans passer par la POA.

- Les principaux composants de Spring MVC peuvent être rassemblés en trois groupes, selon leur fonction :

- Gestion du contrôleur façade et des contextes d'application. Ceci permet de spécifier les fichiers des différents contextes ainsi que leurs chargements. Le contrôleur façade doit être configuré de façon à spécifier l'accès à l'application.

- Gestion des contrôleurs. Il consiste à configurer la stratégie d'accès aux contrôleurs, ainsi que leurs différentes classes d'implémentation et leurs propriétés.

- Gestion des vues. Ceci consiste à configurer la ou les stratégies de résolution des vues ainsi que les Frameworks ou technologies de vue mis en œuvre.

5. Patterns [Dev]

5.1 Introduction

Les design patterns ou modèles de conception décrivent des organisations pratiques de classes objets. Ces organisations résultent souvent d'une conception empirique, le concepteur objet tente de faciliter la réutilisation et la maintenance du code. On peut donc concevoir un modèle d'application comme une forme d'organisation transposable à plusieurs applications. Ces systèmes peuvent apparaître complexes aux débutants voire inutiles, il est pourtant très important d'en connaître plusieurs et de les appliquer systématiquement. L'architecte objet se construit petit à petit un "panier" de modèles.

Les designs patterns ne sont pas réellement normalisés, mais on peut les découper en trois grandes catégories :

- Les modèles de création : Ces modèles sont très courants pour désigner une classe chargée de construire des objets.

- Les modèles de structure : Ces modèles tendent à concevoir des agglomérations de classes avec des macro-composants.

- Les modèles de comportement : Ces modèles tentent de répartir les responsabilités entre chaque classe.

III. Présentation détaillée

1. Spring Core

a. Introduction

L'inversion de contrôle (IoC : Inversion of Control) ou l'injection de dépendances (DI : Dependency Injection) est sans doute le concept central de Spring. C'est le seul module (design pattern) qui a pour objectif de faciliter l'intégration de tous les autres composants ultérieurement. Spring Core peut être identifié par trois caractéristiques majeures : il contient des objets, il contrôle la création de ces objets et il résout les dépendances entre les objets. L'IoC prend en charge le cycle de vie des objets ainsi que leurs dépendances qui le met dans des beans. Les fichiers de définitions de bean sont le cœur de Spring. Ils sont la configuration du container IoC, ils fournissent toutes les informations nécessaires pour créer les objets de l'application. Les beans sont les objets gérés par le container. Généralement, un fichier de définition de bean est un fichier XML.

b. Concept de Spring Core

Le conteneur de base:

C'est un conteneur de base qui fournit les fonctionnalités essentielles du Framework Spring. L'élément essentiel du conteneur de base c'est le BeanFactory, qui est le noyau de l'usine. Le BeanFactory applique les Inversion de Contrôle IoC.

c. Objectif de Spring Core

Les fonctionnalités du Framework Spring peuvent être utilisées dans n'importe quel serveur J2EE. Parmi les points forts de Spring Core, c'est de permettre aux J2EE les réutilisations et les accès aux objets de données qui ne sont pas liés à des services spécifiques J2EE. Ces objets peuvent être réutilisés dans des environnements J2EE (Web ou EJB), des applications autonomes, des environnements de test, et ainsi de suite, sans aucune effraction.

d. Mise en œuvre Spring Core

Pour faire communiquer les différents services, vous devez toujours avoir une certaine convention pour faire dialoguer les choses ensemble. Le principal avantage de l'injection c'est qu'elle nécessite des conventions assez simples. L'injection de dépendance c'est ce qui va permettre de créer les relations entre les beans, son principe est d'attribuer une propriété d'un bean à un autre à la place d'une simple valeur. Il existe trois choix d'injection : par constructeur, par interface ou par Setter. Ci-dessous, le code d'injection d'IoC dans notre application qui permet la communication entre les trois couches.

```
String[] pathlocations = { "spring-presentation.xml",
                           "spring-metier.xml",
                           "spring-donnees.xml" };
```

e. Avantage de Spring Core

Parmi les grands avantages de Spring Core c'est que l'on est sûr qu'au moment où les fonctions sont appelées depuis la classe, que toutes les dépendances passées par le constructeur ont bien été fournies à l'objet. De plus, le passage des dépendances par constructeur permet d'avoir une forme d'immutabilité des dépendances. La séparation des couches devient plus simple grâce à découplage de l'IoC.

2. Spring AOP

a. Introduction

Programmation Orientée Aspect (AOP) complète la programmation orientée objet (POO) en fournissant une autre manière de penser au niveau de la structure du programme. Programmation Orientée Aspects permet de séparer les aspects qui se retrouvent de manière transverse dans différentes parties d'une application, permettant ainsi de minimiser le code répétitif qui devient complexe et peu maintenable.

Un des éléments clé du Framework Spring c'est l'AOP, ainsi le Spring core ou IoC qui est un conteneur qui ne dépend pas de AOP. Ce qui signifie que vous n'avez pas besoin d'utiliser AOP si vous ne voulez pas dans le cas où vous utilisez IoC. AOP complète l'IoC pour fournir ensemble une meilleure solution dans le Framework Spring.

Ce module représente alors au même niveau d'abstraction dans une application, le plus souvent celui de la couche métier.

L'utilité de l'AOP dans le Framework Spring :

- Pour fournir des services de l'entreprise déclarative, notamment pour remplacer les services déclaratifs EJB. Le service le plus important, tels est la gestion déclarative des transactions , qui s'appuient sur le Cadre de transaction abstraction dans Spring;

- Pour permettre aux utilisateurs de mettre en œuvre les aspects personnalisés, en complément de leur utilisation de la POO avec AOP;

- Gestion des utilisateurs (authentification);

- Archivage des données (persistance);

- Programmation concurrentielle (multi-threading);

- Information pendant l'exécution du logiciel (trace);

- Logique métier (comme l'informatique de gestion, commerce électronique, ...).

Les techniques d'implémentation de ces modules dans la pratique sont réparties dans la couche métier plutôt que dans les autres couches. L'AOP nous permet de faire un appel direct à un module technique depuis un module métier, ou entre deux modules techniques différents, à l'aide de points d'insertions qui sont définis pour établir la liaison entre l'aspect et le code métier ou un autre aspect.

b. Concept AOP

Commençons par définir quelques concepts centraux de l'AOP.

- Aspect : c'est un module définissant des greffons "Advices" et leurs points d'activation "Jointpoint".

- Advice : sont les greffons qui seront activés avant, à un moment donnée des points d'action définis "Jointpoint". Il y a plusieurs types de Advice possible:

  - *Before* : L'Advice s'exécute avant le Jointpoint.

  - *After returning* : L'Advice est exécuté après l'exécution normale du Jointpoint.

  - *After throwing* : L'Advice sera exécuté si une méthode lève une exception.

  - *After (finally)* : L'Advice est exécuté quelque soit la manière dont se termine la méthode du Jointpoint, sauf si une exception est levée.

  - *Around* : L'Advice entoure le Jointpoint. Il peut bien sûr accomplir certaines tâches et retourner une valeur ou lever une exception.

- Joinpoint : c'est un endroit spécifique dans le flot d'exécution du programme, où il est nécessaire d'insérer un greffon.

- Pointcut : sont les points d'action, qui définissent les points de jonction satisfaisants aux conditions d'activation de l'aspect, ils indiquent les moments où l'interaction va avoir lieu. Il y a plusieurs manières d'exécuter le Pointcut :

  - *execution(public * *(..))* : *Toutes les méthodes public*

  - *execution(* set*(..))* : *Toutes les méthodes commencant par 'set'*

  - *execution(* com.versaille.service.ImpEntreprise.*(..))* : *Toutes les* *méthodes de l'interface 'ImpEntreprise'*

- *execution(* com.versaille.service.*.*(..)) : Toutes les méthodes du package 'com.versaille.service'*

- *execution(* com.versaille.service..*.*(..)) : Toutes les méthodes du package 'com.versaille.service' et de ses sous-packages*

c. Objectif de Spring AOP

Spring AOP est mis en œuvre sous Java. L'utilisation de l'AOP ne nécessite pas de processus de compilation spéciale, il est utilisable dans un conteneur Web J2EE ou dans un serveur d'application J2EE normale. Le but n'est pas de fournir la mise en œuvre complète AOP plus, mais plutôt de fournir une intégration étroite entre la mise en œuvre AOP et Spring IoC pour aider à résoudre les problèmes communs dans les applications J2EE. Spring 2.0 intègre parfaitement l'AOP et l'IoC avec AspectJ, pour permettre à toutes les utilisations et la prise en charge au sein d'une architecture fondée sur l'application, elle-même basée sur un Framework Spring .

d. Mise en œuvre AOP

Activation de proxy @ AspectJ

Pour utiliser @ aspects AspectJ dans le fichier de configuration Spring, vous devez absolument activer proxy basée sur @ aspects AspectJ dans AOP.

```
<aop:aspectj-autoproxy />
    <bean class="com.versaille.aop.AOPGestionnaireErreur" />
```

Un bean défini dans votre contexte d'application avec une classe qui est un aspect AspectJ sera automatiquement détecté par Spring et utilisé pour configurer Spring AOP.

```
<bean id="smEntrepriseMetier"
    class="com.versaille.sm.impl.SMEntrepriseImpl">
        <property name="daoEntreprise"
ref="daoEntrepriseDonnee"></property>
</bean>
```

Déclarer un pointcut

```
@Pointcut("execution(* com.versaille.sm.impl.*.*(..))")
```

Permet de définir des points d'interception sur les objets.

Ici l'expression com.versaille.sm.impl.*.* signifie que toutes les méthodes des objets qui sont dans le package "com.versaille.sm.impl" seront interceptées.

Déclarer un advice

Nous avons déjà défini les advices précédemment et voici un exemple d'utilisation.

```
@Before("smService()")
```

e. Avantages

La réunion entre les modules qui gèrent les aspects techniques peut être réduite de façon très importante, qui se résume dans les avantages suivant:

- Maintenance aisée : les modules techniques, sous forme d'aspect, peuvent être maintenus plus facilement du fait de leur détachement de leur utilisation.

- Meilleure réutilisation : tout module peut être réutilisé sans se préoccuper de son environnement et indépendamment du métier ou du domaine d'application.

- Gain de productivité : le programmeur ne se préoccupe que de l'aspect de l'application qui le concerne, ce qui simplifie sa tâche.

- Amélioration de la qualité du code : la simplification au niveau de code qui permet de le rendre plus lisible et bien organisé en cas de relecture ou de modification.

B. Etudes de cas

1. Introduction

a. Cahier des charges

Nous allons développer une application qui gère des contacts entre les différentes entreprises et les sociétés qui ont des partenariats avec l'UVSQ, qui sont intéressés pour recruter les nouveaux diplômés de l'université ou de proposer des offres de stages aux étudiants. L'application comportera pas mal de fonctionnalités et de procédures importantes qui aident l'utilisateur à consulter l'information rapidement et de la gérer aisément.

Notre application sera sous la forme d'une barre de menu qui contient les quatre principaux éléments :

- Entreprise;
- URL;
- Contact;
- Fiche de contact.

L'architecture du logiciel sera présentée sous la forme ci-dessous :

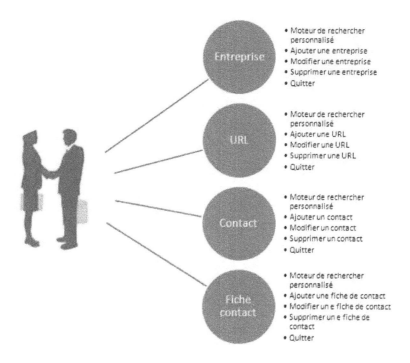

Figure 2 : Architecture de notre application

b. Schéma de la base de données

Après avoir fini la conception de la base de données à partir du cahier des charges et grâce à l'outil « MySQL Workbench 5.1[7] », nous sommes passés à l'étape suivante qui est la création de la base de données en utilisant « SQLWave 5.6.1 [8] » ou sous WAMP [9] si vous êtes sous windows.

---

[7] Outil de conception et d'architecture du BD (Licence gratuit)
[8] Client MySQL (Licence payant)
[9] Windows, Appache, MySQL, PHP

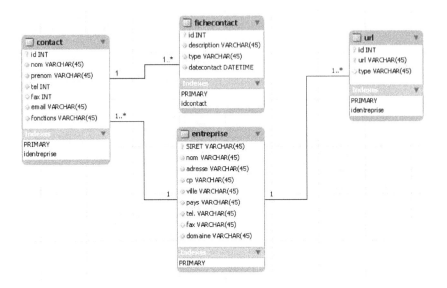

Figure 3 : schéma de la base de données

Détail de la base de données

Toutes les informations que nous allons traiter seront enregistrées dans une base de données MySQL.

Base de données : Gestion des contacts (Gestions-Contacts)

Les tables :

Entreprise (<u>SIRET,</u> nom, adresse, cp, ville, pays, tel, fax, domaine)

contact (<u>id</u>, nom, prenom, tel, fax, email, fonctions, #identreprise)

url (<u>id, url</u>, type, #identreprise)

fichecontact (<u>id</u>, type, description,datecontact, #idcontact)

Remarques :

Les champs soulignés sont les clés primaires des tables, et les champs précédés par une dièse(#) sont des clés étrangères.

c. Contraintes

1) Entreprise : c'est le seul fichier qui contient les informations relatives à chaque entreprise ou société. Elle possède un identifiant unique qui est le numéro de SIRET, nom, adresse, code postal, ville, pays, tél. fax et son domaine.

2) Contact : dans ce fichier on enregistre toutes les informations concernant les personnels de l'entreprise. Ceux qui ont des contacts directs avec la responsable de l'université (l'utilisateur de l'application). Ces personnes peuvent être des responsables de ressource humaine, responsables de stages, des recrutements, etc. Chaque contact est identifié par un identifiant unique, un nom, prénom, tél., fax, email, fonction (la poste qu'il occupe dans la société ou l'entreprise) et la référence de l'entreprise où il travaille.

3) URL : la plupart des entreprises ou des sociétés possèdent aujourd'hui au minimum une url. On peut trouver aussi d'autres adresses url qui l'appartiennent mais qui ne sont pas propre à eux, comme des blogs ou des pages référentiels dans les pages jaunes etc. chaque url est repérée par un identifiant unique, l'url, le type de l'url (blog, référence) et la référence de l'entreprise à qui elle appartient..

4) Fiche contact : cette fiche est assez importante, elle contient tous les historiques de contact qui ont eu lieu entre l'entreprise et l'utilisateur de l'application. On enregistre toutes les informations nécessaires qu'on souhaite revoir, comme l'identifiant de la fiche qui est unique, le type de contact qui a eu lieu (qui peut être sous forme d'un mail, un fax, un tél), sa description, par qui a été contacté (généralement par l'utilisateur du logiciel qui est la seul personne qui a la procuration de faire de contact direct avec les entreprise et les société pour un motif bien précis) et

finalement la référence de ce contact.

d. Outils de développement utilisés

Nous avons choisi l'architecture J2EE avec le Framework Spring comme outil de développement de notre application. En effet c'est l'outil le plus utilisé aujourd'hui. Il est très riche et compatible sur toutes les plateformes de développement. J2EE est une norme proposée par la société Sun, portée par un consortium de sociétés internationales, visant à définir un standard de développement d'applications d'entreprises multi-niveaux, basées sur le principe de « composants ». On parle généralement de «plateforme J2EE» pour désigner l'ensemble des services (API[10]) offerts et de l'infrastructure d'exécution. J2EE comprenant notamment :

- Les spécifications du serveur d'application, c'est-à-dire de l'environnement d'exécution : J2EE définit finement les rôles et les interfaces pour les applications ainsi que l'environnement dans lequel elles seront exécutées. Ces recommandations permettent aux entreprises de développer sur des serveurs d'application conformes aux spécifications de leur besoin, sans avoir à redévelopper les principaux services à chaque fois.

- Des services, au travers d'API, c'est-à-dire des extensions Java indépendantes permettant d'offrir en standard un certain nombre de fonctionnalités. Sun fournit une implémentation minimale de ces API appelée J2EE SDK (J2EE Software Development Kit). Les API de J2EE se repartissent en trois grandes catégories :

    - Les composants (les composants web, les composants EJB);

    - Les services d'infrastructures (JDBC);

---

[10] En Anglais *Application and Programming Interface* ou en *Français Interface pour la programmation d'applications*

- Les services de communications (JavaMail).

L'architecture J2EE permet aussi de séparer la couche présentation, correspondant à l'interface homme-machine (IHM) de la couche métier contenant l'essentiel des traitements de données en se basant dans la mesure du possible sur des API existantes, et enfin de la couche de données qui correspond aux informations de l'entreprise stockées dans des fichiers, tel que des bases de données relationnelles ou XML, dans des annuaires d'entreprise ou encore dans des systèmes d'information complexes. Le lien est expliqué dans le schéma ci-dessous.

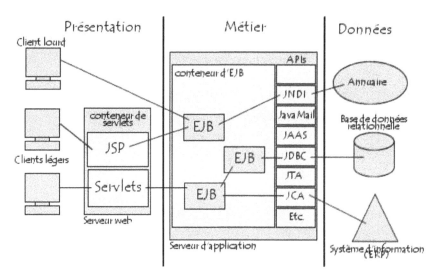

Figure 4 : L'architecture J2EE (source : commentcamarche.fr)

2. Réalisation

Notre projet sera reparti en trois grandes couches : couche de données, couche de métiers et couche de présentation bien sûr sans oublier la création de la base de données qui est la première étape à réaliser après validation du cahier des charges

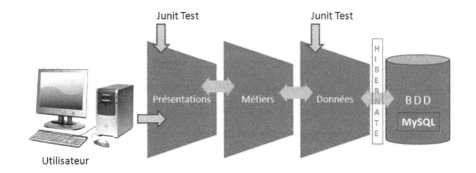

Figure 5 : Architecture J2EE

Je citerai ci-dessous les différents étapes qu'on a suivi, ainsi des bouts des codes pour chacune en ignorant quelques notions supposées requises.

Vous trouvez ci-dessous l'ensemble des packages indispensables à ajouter dans votre Eclipse pour le bon fonctionnement de ce code :

```
spring.jar
slf4j-api.jar
mysql-connector-java-3.1.14-bin.jar
jta-spec1_0_1.jar
hibernate-commons-annotations.jar
hibernate-annotations.jar
hibernate3.jar
ejb3-persistence.jar
ehcache-1.5.0.jar
dom4j.jar
commons-logging-1.1.1.jar
commons-collections-3.2.1.jar
cglib-full-2.0.jar
backport-util-concurrent.jar
aspectjweaver.jar
aspectjrt.jar
```

a. Création de la base de données

MySQL est le type de base de données que nous avons choisis d'utiliser dans notre application. Vous trouverez ci-dessous le code SQL qui vous permettra de la créer facilement.

```
//creation de la table entreprise

CREATE  TABLE IF NOT EXISTS entreprise (
 SIRET VARCHAR(45) PRIMARY KEY,
 nom VARCHAR(50) NOT NULL ,
 adresse VARCHAR(50) NOT NULL ,
 cp VARCHAR(5) NOT NULL ,
 ville VARCHAR(255) NOT NULL ,
 pays VARCHAR(255) NOT NULL ,
 tel VARCHAR(10) NOT NULL ,
 fax VARCHAR(10),
 domaine VARCHAR(255) NOT NULL
 );

//creation de la table contact

CREATE  TABLE IF NOT EXISTS contact (
 id INT PRIMARY KEY AUTO_INCREMENT ,
 nom VARCHAR(50) NOT NULL ,
 prenom VARCHAR(50) NOT NULL ,
 tel INT(10) NOT NULL ,
 fax INT(10) NULL ,
 email VARCHAR(255) NOT NULL ,
 fonctions VARCHAR(255) NOT NULL ,
 identreprise VARCHAR(45) REFERENCES entreprise (SIRET)
 );

//creation de la table url

CREATE  TABLE IF NOT EXISTS url (
 id INT PRIMARY KEY AUTO_INCREMENT ,
 url VARCHAR(255) NOT NULL ,
 type VARCHAR(255) NULL ,
 identreprise VARCHAR(45) REFERENCES entreprise (SIRET)
 );

//creation de la table fichecontact

CREATE  TABLE IF NOT EXISTS fichecontact (
 id INT PRIMARY KEY AUTO_INCREMENT ,
```

```
description VARCHAR(255) NOT NULL ,
type VARCHAR(255) NOT NULL ,
parqui VARCHAR(255) NOT NULL,
datecreation DATETIME,
idcontact int REFERENCES contact (id)
);
```

Parmi les points plus importants c'est la gestion des erreurs que nous avons essayé de gérer au niveau des données en utilisant le langage SQL. En vérifiant le respect des différentes contraintes pour éviter les redondances lors de l'insertion, modification, et de la suppression de données. Ceci est un exemple de code pour vérifier la clé étrangère dans la table contact, on a aussi fait les autres vérifications de champ (au niveau de longueur de champ, type, et nullité lors de la création de la table).

```
ALTER TABLE `gestions-contacts`.`contact`
DROP FOREIGN KEY `contact_ibfk_1`;

ALTER TABLE `gestions-contacts`.`contact` ADD CONSTRAINT
`contact_ibfk_1` FOREIGN KEY (`siret`) REFERENCES `gestions-
contacts`.`entreprise` (`SIRET`) ON DELETE SET NULL ON UPDATE
CASCADE;
```

b. Couche données

La connexion entre l'application et MySQL est assurée à l'aide de HIBERNATE. On s'est appuyé sur la référence suivante [jmdoudouw - Hibernate] pour élaborer la connexion. Les différentes étapes à suivre pour assurer le bon fonctionnement et la configuration de votre connexion sont données ci-dessous.

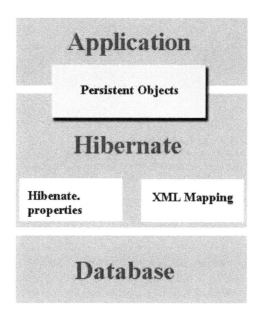

Figure 6 : Architercture de hibernate (source : hibernate.org)

Deux fichiers «hibernate.cfg.xml et HibernateUtil.Java » sont les plus importants dans la configuration. Hibernate permet la connexion à MySQL ainsi que la mise en place de la communication entre les différentes classes.

Fichier hibernate.cfg.xml

Le fichier "hibernate.cfg.xml" contient les paramètres de connexion à la base de données MySQL. Il inclut aussi les classes à lier à une table (tag <mapping>).

```xml
<?xml version="1.0" encoding="utf-8"?>
<!DOCTYPE hibernate-configuration
    PUBLIC "-//Hibernate/Hibernate Configuration DTD//EN"
    "http://hibernate.sourceforge.net/hibernate-configuration-3.0.dtd">

<hibernate-configuration>
  <session-factory >

            <!-- local connection properties -->
            <property name="hibernate.connection.url">
            jdbc:mysql://localhost:3306/gestions-contacts</property>
            <property name="hibernate.connection.driver_class">
            com.mysql.jdbc.Driver</property>
            <property
name="hibernate.connection.username">rjab</property>
            <property
name="hibernate.connection.password">rjab</property>

            <mapping resource="Contact.hbm.xml"/>
            <mapping resource="Entreprise.hbm.xml"/>
            <mapping resource="Url.hbm.xml"/>
            <mapping resource="Fichecontact.hbm.xml"/>

  </session-factory>
</hibernate-configuration>
```

Fichier HibernateUtil.java

Le fichier « HibernateUtil.java nous permet de la mise en œuvre les différentes classes générées, qui seront utilisé dans une classe utilitaire proposée dans la documentation de Hiberenate pour configurer et obtenir une session.

```java
package com.hibernate.util;
import org.hibernate.HibernateException;
import org.hibernate.SessionFactory;
import org.hibernate.cfg.Configuration;
import org.hibernate.classic.Session;

public class HibernateUtil {
    private static final SessionFactory sessionFactory;
    static {
        try {
            // Crée la SessionFactory
            sessionFactory = new Configuration().configure()
                            .buildSessionFactory();
        } catch (HibernateException ex) {
            throw new RuntimeException("Problème de
configuration : "
                            + ex.getMessage(), ex);
        }
    }
    public static final ThreadLocal session = new ThreadLocal();

    public static Session currentSession() throws
HibernateException {
        Session s = (Session) session.get();
        // Ouvrir une nouvelle Session, si ce Thread n'en a aucune
        if (s == null) {
            s = sessionFactory.openSession();
            session.set(s);
        }
        return s;
    }
    public static void closeSession() throws HibernateException {
        Session s = (Session) session.get();
        session.set(null);
        if (s != null)
            s.close();
    }
}
```

Pour bien se familiariser avec Hiberenate, je me suis basé sur l'ouvrage de

[Patricio] Hibernate 3.0 qui est bien détaillé et qui explique toutes les astuces pour une meilleure manipulation et une meilleur compréhension.

Ci-dessous, on vous présente toutes les étapes de code que j'ai réalisé en prenant un exemple type tout au long de ce livre . Cet exemple concerne (une Entreprise). Dans la couche donnée, et après avoir créé le fichier hibernate.cfg.xml à l'aide de « Hibernate Configutation File » on passe maintenant à l'étape suivante qui est la création du fichier mapping par l'intermédiaire de « Hibernate Mapping File ».

Suite à la création de ces deux principaux fichiers de configuration, Hiberenate génère les fichiers XML de nos classes précédemment déclaré dans le mapping (hibernate.cfg.xml).

Nous traitons ici en détail l'exemple de fichier « Entreprise.hbm.xml » qui a été généré automatiquement par Hiberenate. Ce fichier permet à Hiberenate de faire le lien entre la classe JAVA et la table SQL.

Hibernate a besoin de savoir comment charger et stocker des objets d'une classe persistante. C'est là qu'intervient le fichier de mapping Hiberenate. Le fichier de mapping indique à Hiberenate à quelle table dans la base de données il doit accéder, et quelles colonnes de cette table il devra utiliser.

La structure basique de ce fichier de mapping ressemble à ce qui suit:

```xml
<?xml version="1.0"?>
<!DOCTYPE hibernate-mapping PUBLIC
    "-//Hibernate/Hibernate Mapping DTD//EN"
    "http://hibernate.sourceforge.net/hibernate-mapping-3.0.dtd" >

<hibernate-mapping package="com.hibernate.autogenerated">
    <class
        name="Entreprise"
        table="entreprise"
    >
        <meta attribute="sync-DAO">false</meta>
        <id
```

```xml
        name="Siret"
        type="string"
        column="SIRET"

>
</id>

<property
        name="Nom"
        column="nom"
        type="string"
        not-null="true"
        length="50"
/>
<property
        name="Adresse"
        column=adresse"
        type="string"
        not-null="false"
        length="50"
/>

<property
        name="Cp"
        column="cp"
        type="string"
        not-null="false"
        length="5"
/>

<property
        name="Ville"
        column="ville"
        type="string"
        not-null="false"
        length="255"
/>

<property
        name="Pays"
        column="pays"
        type="string"
        not-null="false"
```

```
                    length="255"
          />

          <property
                    name="Tel"
                    column="tel"
                    type="integer"
                    not-null="true"
                    length="10"
          />

          <property
                    name="Fax"
                    column="fax"
                    type="integer"
                    not-null="true"
                    length="10"
          />

          <property
                    name="Domaine"
                    column="domaine"
                    type="string"
                    not-null="true"
                    length="255"
          />

     </class>
</hibernate-mapping>
```

<hibernate-mapping> : On précise package="" qui prend en compte les noms de classes dans le mapping courant.

<class> : name : C'est le nom de classe entièrement qualifié pour la classe persistante

        table : C'est le nom de la table dans base de données.

<id> : name : C'est le nom de la propriété d'identifiant.

type: C'est le nom qui indique le type de l'attribut Hiberenate.

column: C'est le nom de la colonne de la clé primaire dans la base de données.

<property> : name : C'est le nom de la propriété.

column: C'est le nom de la colonne de base de données mappée.

type : C'est le nom qui indique le type de l'attribut Hiberenate.

not-null : vérifie la nullité de l'attribut.

Length : précise la longueur de l'attribut.

Après avoir terminé cette étape, Hiberenate génère automatiquement les classes Java à l'aide de l'outil « Hibernate Synchronizer – Synchronizer File ». Le résultat qui s'en suit est deux fichiers « BaseEntreprise.java » et « Entreprise.java ».

Le fichier BaseEntreprise.java :

Vous pouvez voir que cette classe utilise les conventions de nommage standard Java pour les méthodes getter/setter des propriétés, ainsi qu'une visibilité privée pour les champs. Hibernante peut aussi accéder aux champs directement, c'est le bénéfice des méthodes d'accès qui fait la force en cas de refonte de code.

Le fichier Entreprise.java :

Hibetrnate génère les codes des constructeurs de la classe Entreprise qui hérite de la classe BaseEntreprise. On remarque ici le regroupement des attributs qu'il est obligatoire de renseigner lors de l'insertion des données (nous avons déjà précisé ça dans le cahier des charges). Ainsi que la clé de la table dans un constructeur séparé.

Pour faciliter les tâches nous avons utilisé un plugin de conception UML qui est déjà installé sur Eclipse « Omondo ». Cela nous permet de faire la représentation graphique de notre classe et nous facilite ensuite la construction des méthodes ainsi que leurs implémentations. En même temps il génère le code automatiquement. Le résultat qui s'en suit est deux fichiers : « DAOEntreprise.java » qui contient tous les méthodes (ajouter, modifier, supprimer, afficher) que nous allons utiliser par la suite, et le fichier « DAOEntrepriseImpl.java » qui contient les implémentations des méthodes que nous avons crée précédemment.

c. Couche métier

Création du diagramme de classe

Nous avons utilisé encore le plugin « Omondo » dans Eclipse pour créer les interfaces, les méthodes et leurs implémentations. Ci-dessous, le diagramme de classe de l'Entreprise :

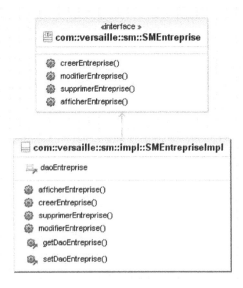

Figure 7 : Diagramme de Classe Entreprise (Interface et son Implémentation)

L'outil « Omondo » nous a permis de créer les deux fichiers « SMEntreprise.java » et « SMEntrepriseImpl.java » presque du même principe de la couche de données. Mais la partie la plus importante ici c'est l'utilisation de Spring Core. Tout d'abord nous avons créée trois fichiers qui permettent la communication entre les trois couches « *spring-donnees.xml, spring-metier.xml et spring-presentation.xml* »

Dans cette couche nous nous sommes basés sur Spring Core (Ioc), en utilisant les beans pour la communication entre les couches.

Nous avons utilisé aussi AOP pour la gestion des transactions et gestions des erreurs. Nous avons également mis en place un fichier « *AOPGestionnaireTransaction.java* » qui contient la méthode de l'ouverture, l'exécution et la fermeture des transactions.

Nous expliquons ci-dessous l'importance de l'AOP :

aspect : un module définissant des greffons et leurs points d'activation,

<aop:aspectj-autoproxy /> : Un objet créé par le Framework AOP dans le but implémenter les méthodes des "advise" à implémenter. Dans notre cas : pour la gestion des erreurs.

Bien sûr avec la création d'un bean avec son id et la class associée. A l'intérieur de bean on met sa property pour laquelle un name et une référnce ref.

@Aspect: Une classe annotée avec le tag @Aspect. Les méthodes d'un aspect ("advises") sont exécutées à l'apparition de certains évènements.

@Pointcut: Une classe annotée avec le tag @Pointcut. Une expression qui correspond à des "*joinpoint*". Un "Advice" est toujours associé à une définition de "*pointcut*" et s'exécute à chaque "*join point*" qui correspond au "*pointcut*". Les "*pointcut*" sont des expressions régulières, ce qui donne une puissance considérable à ce type de programmation.

@Before : Une classe annotée avec le tag @Before. L'advice s'exécute avant un "*join point*", mais il n'a pas la possibilité d'empêcher l'exécution de la méthode du "joint point", à part bien sûr de lever une exception.

@AfterReturning: Une classe annotée avec le tag @AfterReturning. L'advice est exécuté après l'exécution normale du "*join point*".

La gestion des erreurs est une partie assez importante dans notre projet, elle permet de vérifier les données lors de l'insertion, de la mise à jour ou de la suppression. Avec AOP nous avons réussi à contrôler les erreurs et à afficher le message adéquat sous forme d'alerte (boite de dialogue) dans le cas ou il existe.

d. Couche présentation

La couche présentation où les IHM est une couche ergonomique, riche, facile la logique de navigation dans le logiciel par l'utilisateur en respectant :

- Les différentes contraintes prescrites dans le règles de cahier des charges;
- Les contraintes d'intégrité au niveau de la base de données.

Cette interface graphique est crée à l'aide du plugin « Visual Editor » qui nous avons ajoutée à Eclipse pour nous faciliter les créations des différents composants (menu, bouton, table, label, etc.)

Pour bien installer Visual Editor nous avons pris pour référence « [jmdoudouw-VE] ».

Création des différents composants utilisés dans l'IHM :
Pour une meilleure interaction entre l'homme et la machine, nous avons créés une interface simple, compréhensible et facile à gérer par n'importe quelle personne même non informaticiens. Vous trouverez ci-dessous les

méthodes les plus importantes de notre application bien expliqué, et ci-dessous le visuel de notre application.

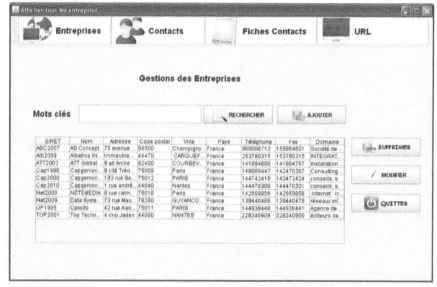

Figure 8 : Gestions des contacts

✓ *Rechercher :*

Pour faciliter les tâches de l'utilisateur de l'application « gestions des contacts » devant la volumétrie de données, nous avons mis en place un moteur de recherche multicritère très puissant qui aidera l'utilisateur à trouver l'information souhaitée. Il permet de rechercher les informations selon quelques critères comme :

- le nom de l'entreprise;

- son domaine;

- son code postal;

- son numéro de tél, ou de fax

- Sa localisation, c'est-à-dire la ville ou bien le pays ou elle se trouve.

Ce moteur de recherche permettra à l'utilisateur à atteindre facilement l'information, de gagner du temps au lieu de déplacer et vérifier dans les dossiers manuscrits (ancien méthode) dans le rayon ou bien dans les archives. L'utilisateur n'à qu'à saisir le mot clé (le critère de recherche) et ensuite il clique sur le bouton rechercher pour visualiser les résultats de sa recherche dans une liste (Jtable).

```java
Private Jbutton getBtn_Rechercher() {
    if (btn_Rechercher == null) {
        btn_Rechercher = new JButton();
        btn_Rechercher.setName("");
        btn_Rechercher.setText(ConstantesDimension.btnRechtxt);
        btn_Rechercher.setLocation(new
Point(ConstantesDimension.btnRechX,
        ConstantesDimension.btnRechY));
        btn_Rechercher.setSize(new Dimension(
        ConstantesDimension.btnhauteur,
        ConstantesDimension.btnlargeur));
        btn_Rechercher.setIcon(new ImageIcon(
        "../presentation/icones/search.png"));
        btn_Rechercher.setFont(new Font("Arial", Font.BOLD, 12));
        btn_Rechercher.addActionListener(new java.awt.event.ActionListener()
{
public void actionPerformed(java.awt.event.ActionEvent e) {
        String critereRecherche = jTextFieldrechercher.getText();
    Entreprise entreprise = new Entreprise();
        entreprise.setSiret(critereRecherche);
        entreprise.setNom(critereRecherche);
        entreprise.setCp(critereRecherche);
        entreprise.setPays(critereRecherche);
        entreprise.setVille(critereRecherche);
        entreprise.setTel(MappingUtil.string2integer(critereRecherche));
        entreprise.setFax(MappingUtil.string2integer(critereRecherche));
        entreprise.setDomaine(critereRecherche);
    List<Entreprise> entreprisesTrouvees = SMGetter.smEntreprise
        .afficherEntreprise(entreprise);
    int nbEnreg = entreprisesTrouvees.size();
            if (nbEnreg >= 0) {
            switch (nbEnreg) {
```

```java
            case 0:
                JOptionPane.showMessageDialog(null,"Aucune          Entreprise
trouvé."
        + "Vérifiez votre saisie","Resultat de recherche",
        JOptionPane.ERROR_MESSAGE);
        jTextFieldrechercher.setText("");
            jTextFieldrechercher.setFocusable(true);
            break;
            case 1:
            JOptionPane.showMessageDialog(null, nbEnreg+ " Entreprise
trouvé","Resultat de recherche",
        JOptionPane.INFORMATION_MESSAGE);
            remplirTable(entreprisesTrouvees);
            break;
        default:
        JOptionPane.showMessageDialog(null, nbEnreg
        +" Entreprises trouvés","Resultat de recherche",
        JOptionPane.INFORMATION_MESSAGE);
            remplirTable(entreprisesTrouvees);
            }
        jTextFieldrechercher.setText(critereRecherche);
            }
        }
        });
}
return btn_Rechercher;
}
```

✓ *Ajouter :*

Pour ajouter un nouvel enregistrement, vous êtes invité à passer par la procédure de l'ajout qui vérifiera si vous avez bien respecté les contraintes ou pas. Si tous les champs obligatoires sont renseignés alors il suffit juste de valider (en appuyant sur le bouton OK) pour ajouter l'enregistrement, sinon l'enregistrement ne sera pas pris en compte. En cas d'erreur, vous allez être informé par l'intermédiaire d'un message qui indique l'erreur que vous avez commise à l'aide d'un popup. Pour annuler votre saisie, il suffit de cliquer sur le bouton Annuler.

```java
private JButton getBtn_Ajouter() {
        if (btn_Ajouter == null) {
                btn_Ajouter = new JButton();
                btn_Ajouter.setText(ConstantesDimension.btnAjoutertxt);
                btn_Ajouter.setFont(new Font("Arial", Font.BOLD, 12));
                btn_Ajouter.setLocation(new
        Point(ConstantesDimension.btnAjouterX,
                ConstantesDimension.btnAjouterY));
                btn_Ajouter.setSize(new
        Dimension(ConstantesDimension.btnhauteur,
                ConstantesDimension.btnlargeur));
                btn_Ajouter.setIcon(new ImageIcon(
                "../presentation/icones/Add.png"));
                btn_Ajouter.setName("");
        btn_Ajouter.addActionListener(new
        java.awt.event.ActionListener() {
    public void actionPerformed(java.awt.event.ActionEvent e) {
        actionBouton = Constantes.AJOUTER;
            entrepriseAafficher = getNewEntreprise();
        JDialog AddUpdateEntreprise =
        getJDialogAddUpdateEntreprise();
            jDialogAddUpdateEntreprise
        .setTitle(ConstantesDimension.popupAddtitleEnt);
            jDialogAddUpdateEntreprise.pack();
            jDialogAddUpdateEntreprise.setSize(
            ConstantesDimension.popupx,
            ConstantesDimension.popupy);
            jDialogAddUpdateEntreprise.setVisible(true);
            jDialogAddUpdateEntreprise.setResizable(false);
            java.awt.Dimension screenSize =
        java.awt.Toolkit.getDefaultToolkit()
            .getScreenSize();
        jDialogAddUpdateEntreprise.setLocation((screenSize.width
        - jDialogAddUpdateEntreprise.WIDTH) / 2,
        (screenSize.height -
        jDialogAddUpdateEntreprise.HEIGHT) / 2);
            btn_Disabled();
    }

    });
    }
        return btn_Ajouter;
```

}

✓ *Modifier* :

Une petite fenêtre de Popup sera affichée sur votre écran après avoir cliqué sur la ligne que vous souhaitez modifier (Jtable c'est la zone de répétition qui contient toutes les informations enregistrées). Dans la fenêtre de Popup vous allez récupérer les informations sélectionnées. Vouspourrez ensuite appliquer les modifications qu'il vous plaira.. Les informations modifiées seront toujours vérifiées par le système de gestion d'erreur, vous serez averti par un message en cas d'erreur de saisie. A la fin de votre modification appuyer sur le bouton OK pour valider ou sur Annuler pour ne pas enregistrer les modifications.

```java
private JButton getBtn_Modifier() {
    if (btn_Modifier == null) {
    btn_Modifier = new JButton();
    btn_Modifier.setName("");
    btn_Modifier.setText(ConstantesDimension.btnModtxt);
    btn_Modifier.setLocation(new Point(ConstantesDimension.btnModX,
    ConstantesDimension.btnModY));
    btn_Modifier.setSize(new Dimension(ConstantesDimension.btnhauteur,
    ConstantesDimension.btnlargeur));
    btn_Modifier.setIcon(new ImageIcon(
    "../presentation/icones/edit.png"));
    btn_Modifier.setFont(new Font("Arial", Font.BOLD, 12));
    btn_Modifier.addMouseListener(new java.awt.event.MouseAdapter() {
    public void mouseClicked(java.awt.event.MouseEvent e) {
    boolean ok = false;
        try {
        actionBouton = Constantes.MODIFIER;
        entrepriseAafficher = getEntrepriseSelectionnee();
        ok = true;
        } catch (Exception oubliLigne) {
        JOptionPane.showMessageDialog(null,                 "Sélectionnez
auparavant"
        +" la ligne à modifier"+ '\n'
        + "ou effectuez un double-clic sur la ligne","MODIFICATION",
```

```
                    JOptionPane.INFORMATION_MESSAGE);
                }
                if (ok == true) {
            JDialog AddUpdateEntreprise = getJDialogAddUpdateEntreprise();
                jDialogAddUpdateEntreprise
            .setTitle(ConstantesDimension.popupUpdatetitleEnt);
                jDialogAddUpdateEntreprise.pack();
                jDialogAddUpdateEntreprise.setSize(
                ConstantesDimension.popupx,
                ConstantesDimension.popupy);
            Point loc = getJContentPaneENT().getLocation();
            loc.translate(ConstantesDimension.popuptransx,
                ConstantesDimension.popuptransy);
                jDialogAddUpdateEntreprise.setLocation(loc);
                jDialogAddUpdateEntreprise.setVisible(true);
                jTextFieldsiretEnt.setEnabled(false);
                btn_Disabled();
            }
        }
    });
    }
return btn_Modifier;
}
```

✓ *Supprimer :*

Elle permet de

- Supprimer un enregistrement après l'avoir sélectionné dans le tableau;

- Confirmé cette suppression à l'aide de la boite de dialogue qui vous
  posera une question.

```
private JButton getBtn_Supprimer() {
        if (btn_Supprimer == null) {
        btn_Supprimer = new JButton();
        btn_Supprimer.setText(ConstantesDimension.btnSupptxt);
        btn_Supprimer.setName("");
        btn_Supprimer.setLocation(new
        Point(ConstantesDimension.btnSuppX,
        ConstantesDimension.btnSuppY));
        btn_Supprimer.setSize(new
```

```java
            Dimension(ConstantesDimension.btnhauteur,
            ConstantesDimension.btnlargeur));
            btn_Supprimer.setIcon(new ImageIcon(
            "../presentation/icones/del.png"));
            btn_Supprimer.setFont(new Font("Comic Sans MS", Font.BOLD,
12));
            btn_Supprimer.addMouseListener(new
java.awt.event.MouseAdapter()
        {
    public void mouseClicked(java.awt.event.MouseEvent e) {
            boolean ok = false;
            try {
            actionBouton = Constantes.SUPPRIMER;
            laTable_Table.getValueAt(laTable_Table.getSelectedRow(), 0);
            ok = true;
            } catch (Exception oubliLigne) {
            JOptionPane.showMessageDialog(null,
            "Sélectionnez auparavant" + " la ligne qui "+ '\n'
    + "vous voulez supprimer","SUPPRESSION",
            JOptionPane.INFORMATION_MESSAGE);
            }
            if (ok == true) {
            supprimerEntrepriseSelectionnee();
            remplirTable(null);
            }
    }
/*** supprimer l'entreprise sélectionnée de la table.***/
    private void supprimerEntrepriseSelectionnee() {
        int numLigne = -1;
            numLigne = laTable_Table.getSelectedRow();
            if (numLigne != -1) {
            int choix = JOptionPane
            .showConfirmDialog(
            null,
            "Voulez vous vraiment supprimer l'enregistrement suivant ?",
        "Supprimer",JOptionPane.OK_CANCEL_OPTION);
          if (choix == 0) {
        String siret = (String) laTable_Table.getValueAt(
            numLigne, 0);
            Entreprise entrepriseAsupprimer = new Entreprise(
            siret);
        SMGetter.smEntreprise
        .supprimerEntreprise(entrepriseAsupprimer);
```

```
                }
                }
                }
        });
        }
    return btn_Supprimer;
}
```

✓ *Quitter :*

Elle permet de quitter l'application définitivement.

```
private JButton getBtn_Quitter() {
    if (btn_Quitter == null) {
        btn_Quitter = new JButton();
        btn_Quitter.setFont(new Font("Comic Sans MS", Font.BOLD,
12));
        btn_Quitter.setLocation(new
Point(ConstantesDimension.btnExitX,
        ConstantesDimension.btnExitY));
        btn_Quitter.setSize(new
      Dimension(ConstantesDimension.btnhauteur,
        ConstantesDimension.btnlargeur));
        btn_Quitter.setIcon(new ImageIcon(
        "../presentation/icones/exit.png"));
        btn_Quitter.setText(ConstantesDimension.btnExittxt);
        btn_Quitter.addActionListener(new
      java.awt.event.ActionListener() {
      public void actionPerformed(java.awt.event.ActionEvent e) {
          FenTableEntreprise.this.dispose();
      }
      });
      }
      return btn_Quitter;
}
```

e. Lien entre les couches avec IoC

Pour assurer le bon lien entre les trois couches (donnée, métier et présentation), nous avons créé trois fichiers XML. Dans chaque fichier, nous avons défini plusieurs paramètres qui facilitent ultérieurement les communications entre les couches.

⮞ *Couche de données :*

On déclare dans le premier fichier « spring-donnees.xml » les beans auxquels nous ferons référence dans la couche métier. On attribut un id qui identifie le nom du bean et l'attribut class qui définie le classe de bean dans cette couche.

```xml
< ?xml version= »1.0 » encoding= »UTF-8 » ?>
<beans xmlns="http://www.springframework.org/schema/beans"
    xmlns:aop="http://www.springframework.org/schema/aop"
    xmlns:xsi="http://www.w3.org/2001/XMLSchema-instance"
    xmlns:context="http://www.springframework.org/schema/context"
    xsi:schemaLocation="http://www.springframework.org/schema/beans
    http://www.springframework.org/schema/beans/spring-beans.xsd
    http://www.springframework.org/schema/aop
    http://www.springframework.org/schema/aop/spring-aop-2.5.xsd
    http://www.springframework.org/schema/context
    http://www.springframework.org/schema/context/spring-context-
3.0.xsd
    ">
    <!--début de déclaration de bean-->
    <bean id="daoContactDonnee"
      class="com.versaille.dao.impl.DAOContactImpl" />
    <bean                                        id="daoUrlDonnee"
class="com.versaille.dao.impl.DAOUrlImpl" />
    <bean id="daoEntrepriseDonnee"
      class="com.versaille.dao.impl.DAOEntrepriseImpl" />
    <bean id="daoFicheContactDonnee"
      class="com.versaille.dao.impl.DAOFicheContactImpl" />

    <!--début de la configuration AOP-->
    <aop:aspectj-autoproxy />
    <bean id="aopTest"
      class="com.versaille.aop.AOPGestionnaireTransaction" />

</beans>
```

➲ *Couche métier :*

On crée un fichier <spring-metier.xml » qui contient les beans de la même façon que dans la couche donnée, sauf qu'on ajoute ici L'attribut name de la balise property correspondant au nom de la variable de classe initialisée dans la couche précédente (couche donnée) et le tag où attribut ref fait référence à un autre bean géré par Spring.

```xml
< ?xml version= »1.0 » encoding= »UTF-8"?>
<beans xmlns="http://www.springframework.org/schema/beans"
      xmlns:aop=http://www.springframework.org/schema/aop
   xmlns:xsi="http://www.w3.org/2001/XMLSchema-instance"
      xsi:schemaLocation="http://www.springframework.org/schema/beans
   http://www.springframework.org/schema/beans/spring-beans.xsd
      http://www.springframework.org/schema/aop
   http://www.springframework.org/schema/aop/spring-aop-2.5.xsd
      ">

      <bean id="smContactMetier"
        class="com.versaille.sm.impl.SMContactImpl">
           <property                                  name="daoContact"
ref="daoContactDonnee"></property>
      </bean>

      <bean id="smUrlMetier" class="com.versaille.sm.impl.SMUrlImpl">
           <property name="daoUrl" ref="daoUrlDonnee"></property>
      </bean>

      <bean id="smEntrepriseMetier"
        class="com.versaille.sm.impl.SMEntrepriseImpl">
           <property name="daoEntreprise"
             ref="daoEntrepriseDonnee"></property>
      </bean>

      <bean id="smFicheContactMetier"
        class="com.versaille.sm.impl.SMFicheContactImpl">
           <property name="daoFicheContact"
             ref="daoFicheContactDonnee"></property>
      </bean>

      <!--bean responsable de la gestion d'erreurs-->
```

```xml
<bean id="gestionnaireErreurs"
  class="com.versaille.erreurs.GestionnaireErreurs"
    init-method="init">
</bean>

<!--bean gestionnaire des properties-->
<bean class="com.versaille.util.GestionProperties" init-method="init"
/>

<aop:aspectj-autoproxy />
<bean class="com.versaille.aop.AOPGestionnaireErreur" />

</beans>
```

➲ *Couche présentation :*

On a créé aussi un fichier « spring-presentation.xml » qui contient les beans qui comportent le nom de la classe qui permettra de faire le lien entre la couche présentation et la couche métier. On garde toujours le même principe de configuration des beans avec leurs propriétés en lui attribuant un nom et une référence.

```xml
< ?xml version= »1.0 » encoding= »UTF-8 » ?>
<beans xmlns="http://www.springframework.org/schema/beans"
    xmlns:xsi="http://www.w3.org/2001/XMLSchema-instance"
    xsi:schemaLocation="http://www.springframework.org/schema/beans
    http://www.springframework.org/schema/beans/spring-beans.xsd">

    <bean id="applicationContextHolder"
      class="com.versaille.util.ApplicationContextHolder">
    </bean>
    <bean id="smGetter" class="com.versaille.util.SMGetter">
        <property name="smContact" ref="smContactMetier"></property>
        <property name="smUrl" ref="smUrlMetier"></property>
        <property name="smEntreprise"
          ref="smEntrepriseMetier"></property>
        <property name="smFicheContact"
          ref="smFicheContactMetier"></property>
    </bean>
```

```
</beans>
```

ApplicationContextHolder.java :

Cette classe nous permet de faire le lien entre les trois couches en utilisant le principe de IoC. La puissance de IoC se présente dans la simplicité et la flexibilité pour assurer aisément la communication entre ces trois couches.

```java
package com.versaille.util;

import org.springframework.context.ApplicationContext;
import org.springframework.context.support.ClassPathXmlApplicationContext;

public class ApplicationContextHolder {

    /** Contexte Spring qui sera injecte par Spring directement*/
    private static ApplicationContext CONTEXT;

    /*** Methode statique pour récupérer le contexte*/
    public static ApplicationContext getContext() {
        return CONTEXT;
    }

    /*** Methode statique pour récupérer le contexte*/
    public static void initContext() {

        String[] pathlocations = { "spring-presentation.xml",
                "spring-metier.xml", "spring-donnees.xml" };

        ClassPathXmlApplicationContext applicationContext = new
    ClassPathXmlApplicationContext(
                pathlocations);
        CONTEXT = applicationContext;
    }
}
```

f. Utilisation de l'AOP en pratique

AOP possède plusieurs fonctionnalités importantes que nous avons déjà signalées. Dans notre projet, nous avons profité de la gestion de transaction qu'on a placé dans une class « AOPGestionnaireTransaction.java » et lui fait appel quand on aura besoin. Cet actus de l'AOP nous a permis de minimiser les codes répétitives et de la rendre facile à manipuler. Nous avons trois étapes :

- L'ouverture de la connexion;
- La validation de la transaction;
- La fermeture de la connexion.

```java
package com.versaille.aop;

import org.aspectj.lang.annotation.AfterReturning;
import org.aspectj.lang.annotation.Aspect;
import org.aspectj.lang.annotation.Before;
import org.aspectj.lang.annotation.Pointcut;
import com.hibernate.util.TransactionUtil;

/**
 *
 * CLasse AOP reponsable de traitemenst pre/post transaction
 hibernate.
 *
 * @author ZORGANI REJEB
 *
 */
@Aspect
public class AOPGestionnaireTransaction {

        @Pointcut("execution(* com.versaille.dao.impl.*.*(..))")
        public void daoService() {
        }

        @Before("daoService()")
        public void avantTransaction() throws Throwable {
            TransactionUtil.beginTransaction();
        }

        @AfterReturning("daoService()")
        public void apresTransaction() throws Throwable {
            TransactionUtil.colseTransaction();
        }
}
```

Conclusion

Ce livre s'est concentré sur "Spring" qui est un Framework dédié à la construction et à la définition de l'infrastructure d'une application Java/J2EE. Il facilite le développement et les tests de ce genre d'applications. Spring est un Framework libre et bien qu'il soit relativement récent, il devient de plus en plus prisé dans le développement J2EE.

Le livre décline le concept de tous les outils en relation avec le Framework Spring. Cela permet au lecteur de se faire une rapide idée sur les notions de base et qui sont nécessaires au déploiement d'applications basées sur Spring.

Un exemple d'application de ce Framework a été exposé. Une application qui permet d'assurer la gestion des contacts entre les différentes entreprises et les sociétés en partenariat avec l'université de Versailles. Cet exemple peut être transposé sur différentes applications similaires comme par exemple, au sein d'une même entreprise où les contacts deviendront les salariés (nom, prénom, date et lieu de naissance, numéro identifiant, date d'entrée à l'entreprise, compétences, salaire à l'entrée,...).

J'affirme sans hésitation que la création d'une telle application est une tâche très complexe puisque ce domaine demeure très vaste et qu'il est nécessaire de maîtriser plusieurs notions différentes et outils divers. J'ai certes, rencontré des problèmes lors de la mise en œuvre de cette application et pour aider les lecteurs qui seraient intéressés pour tester cette application, j'ai donné les principaux algorithmes tout en étant accompagné d'une interprétation concrète pour une meilleur compréhension.

J'ai essayé de faire en sorte que ce livre s'adresse au grand public : des étudiants aussi bien que des professionnels, des spécialistes aussi bien que des non spécialistes... Pour ceux qui souhaitent apprendre, découvrir ou même se remémorer "Spring" (s'il avaient commencé à travailler avec ce Framework), ce livre bien concis leur sera d'une grande utilité. J'ai pensé ce livre de telle manière à ce que l'accès à l'information soit la plus rapide possible. J'espère avoir rempli cet objectif.

Bibliographie

Ouvrage :

- [D.R.T] Spring par la pratique [Julien Dubois, Jean Philippe Retaillé, Thierry Templier], 2006.
- [Gary Mak] Spring par l'exemple [Gary Mak], 2009.
- [Patricio] Hibernate 3.0 [Anthony Patricio], 2005.
- [Patricio] Java Persistence et Hibernate [Anthony Patricio], 2007.
- [P.R.S] Programmation orientée aspect pour Java / J2EE [Renaud Pawlak, Jean-Philippe Retaillé, Lionel Seinturier], 2004

Site Web :

- [wiki-1] Spring Framework. Wikipedia [en ligne] Mise à jour 23 janvier 2010.

http://fr.wikipedia.org/wiki/Spring_framework

- [wiki-2] Enterprise JavaBeans [en ligne] Mise à jour 17 janvier 2010.

http://fr.wikipedia.org/wiki/Enterprise_JavaBeans

- [Dev] Developper [en ligne]

ftp://ftp-developpez.com/abrillant/tutoriel/java/design/patterns/introduction/introduction.pdf

- [wiki-3] Framework Spring Wikipedia [en ligne] Mise à jour 16 novembre 2009.

http://w3blog.fr/wiki/index.php?title=Framework_Spring

- [jmdoudouw-hibernate] Hibernate et Eclipse [en ligne].

http://www.jmdoudoux.fr/java/dejae/chap019.htm

- [jmdoudouw-VE] Le développement d'interfaces graphiques [en ligne].

http://www.jmdoudoux.fr/java/dejae/chap017.htm

- [Objis] injection de dépendances [en ligne]

http://www.objis.com/formation-java/tutoriel-spring-injection-dependance.html

- [Alexis Hassler] Transaction Hibernate [en ligne] Mise à jour 02 Mars 2010

http://www.jtips.info/index.php?title=Hibernate/Spring-Transactions

- [Baptiste Wicht] Création interface graphique avec Swing : les bases [en ligne] Mise à jour 03 Décembre 2007

http://baptiste-wicht.developpez.com/tutoriels/java/swing/debutant/